DISCOURS

SUPPOSÉ TENU

DANS LA CHAMBRE DES DÉPUTÉS,

DANS SA SÉANCE DU JEUDI, 1er MARS 1821,

A L'OCCASION D'UNE COMPARAISON ODIEUSE QUÉ S'ÉTAIT PERMISE M. MANUEL, CONTRE M. DE LA BOURDONNAYE, ET QUI EST DEMEURÉE SANS RÉFUTATION,

PAR M. DE L..... D.......,

MAJOR DE GROSSE CAVALERIE, CHEVALIER DE SAINT-LOUIS ET DE L'ORDRE ROYAL DE LA LÉGION D'HONNEUR.

A METZ,

CHEZ ANTOINE, IMPRIMEUR DU ROI.

1821.

AVANT-PROPOS.

La tribune de la chambre des Députés, où il semble qu'on ne devrait prononcer que des discours respirant des doctrines généralement reconnues comme base de tout ordre public, ou du moins exemptes de principes évidemment pernicieux et subversifs de la société, n'a que trop souvent retenti de harangues signalées comme des appels aux passions, et des provocations aux désordres les plus déplorables. Trop souvent aussi on y a fait entendre des accusations ou des incriminations que la conscience des orateurs qui se les permettaient, désavouait secrètement autant que la saine raison les condamnait.

Quelques-unes d'elles ont été repoussées avec énergie et succès ; d'autres sont demeurées sans réponse, ou parce que la chambre s'est déterminée à clore les discussions scandaleuses dont elles auraient été suivies, ou parce que les inculpés ont été d'autant moins préparés à la défense que l'attaque était plus injuste, et par conséquent plus imprévue, ou parce qu'ils se sont trouvés absens. Les accusateurs se sont toujours prévalus de ce défaut de réponse, pour en conclure qu'elle était impossible.

Aussi des lecteurs des débats de la chambre, faciles à abuser ou mal disposés, s'écrient en tous lieux que l'on n'a pas pu répondre. Ainsi l'opinion publique se fausse et se corrompt, et le but coupable que se sont proposé les auteurs des incriminations est atteint.

Quelques orateurs ont été d'avis qu'il était nécessaire de n'en laisser aucune sans réfutation. L'auteur du discours qui suit, étranger à la chambre des députés, partageant cette opinion, a pensé qu'on aurait dû repousser, autrement que par la seule manifestation de l'indignation qu'elle excita, la révoltante comparaison que se permit M. Manuel, dans la séance du 1.er mars, à l'égard de M. de la Bourdonnaye. (1)

Si la réfutation qu'a entreprise une personne peu exercée, démontre combien cette comparaison est odieuse et perfide, et fait partager aux lecteurs la juste indignation qu'éprouva la chambre, quel effet et plus grand et plus désirable pour la rectification de l'opinion publique que l'on cherche à égarer, n'aurait pas produit une réponse faite par quelqu'un des honorables orateurs que la chambre compte dans son sein, auxquels peut s'adapter à si bon titre la belle définition de l'orateur : Vir bonus bene discendi peritus ?

---

(1) Afin de rappeler les faits avec exactitude à la mémoire du lecteur, on donne ci-dessous les extraits du Moniteur qui sont nécessaires.

EXTRAIT DU MONITEUR, N.º 6o.

Jeudi premier mars 1821.

CHAMBRE DES DÉPUTÉS.

Séance du 27 février.

Discours de M. Benjamin-Constant, à l'occasion de la discussion du projet de loi sur la division de la France en arrondissemens électoraux, page 277.

Quant à nous, certes, nous n'avons pas la présomption de nous targuer d'un suffrage que nous nous bornons à tâcher de mériter. Mais nous pouvons nous rendre ce témoignage, que lorsque 80,000 électeurs étaient appelés à nous choisir ou à en choisir d'autres, nous n'avons pas réduit ce nombre à vingt ou quinze mille, et je demanderai nommément à l'honorable orateur auquel je réponds, pourquoi *la nation ne voulait pas de nous.* Avons-nous dans cette enceinte invoqué une terreur prétendue salutaire ? Avons-nous divisé la France en catégories ? Avons-nous réclamé, contre une portion nombreuse de nos citoyens, des fers, des bourreaux, des supplices et la mort, à propos d'amnistie. (Mouvemens en sens divers.)

Discours de M. de la Bourdonnaye, même séance, page 278.

Je ne crois pas devoir descendre jusqu'à répondre aux attaques personnelles qui, au mépris de nos usages parlementaires, ont été dirigées dans cette discussion. Peut-être avais-je droit d'attendre plus de justice de la part de collègues qui, unis dans les mêmes intérêts du département qu'ils représentent, ont ensemble de fréquens rapports. J'opposerai ma vie toute entière à ceux qui voudront m'attaquer. Je dirai la même chose à M. Benjamin-Constant, puisqu'il m'a fait l'honneur de relever une opinion que j'ai autrefois prononcée dans ma conscience , et que je maintiens encore aujourd'hui dans ma conscience ; je dirai : malheur à la France de n'avoir pas accepté à cette époque une loi d'amnistie qui aurait empêché le retour de bien des crimes, en punissant les *auteurs* non-seulement de ces crimes, mais de tous les crimes qui se commettent encore aujourd'hui. En révolution, on ne change jamais, et comme le disait l'usurpateur dans les cent jours : ce qui fut *blanc*, restera *blanc*; ce qui fut *noir*, restera *noir*. Oui, les opinions ne changent jamais en révolution ; il faut attendre qu'une génération ait passé pour espérer qu'elles se rapprochent et se modifient.

Si nous eussions puni à cette époque les hommes qui avaient fait la révolution des cent jours, vous n'eussiez peut-être pas eu à craindre les révolutions qui se manifestent tous les jours par des aggressions perpétuelles contre le trône et la monarchie. Au reste, ce que j'ai prononcé alors sera jugé non-seulement par vous, mais par ceux qui viendront compulser les registres de cette assemblée. Je leur livre toute ma vie, toutes mes opinions. Je pourrais peut-être aller rechercher le vote et l'expression de la volonté dans la vie des adversaires. Mais je ne veux blesser personne. Je craindrais d'y trouver des traits trop piquans pour être présentés ici. (Mouvement général d'adhésion à droite.)

Séance du jeudi 1.er mars.

Discours de M. Manuel , page 286.

Au surplus , je ne prolongerai pas cette discussion qui me paraît fatiguer une partie de la chambre ; mais j'espère qu'elle me permettra de dire en finissant , que la personne aux idées de laquelle j'ai répondu a terminé par quelques mots qui semblent destinés à manifester d'une manière nette et claire le système sous l'empire duquel nous marchons depuis quelque temps. Il vous a dit qu'il était loin de se repentir des opinions qu'il avait émises en 1815 , et qu'il était seulement à regretter que ces opinions n'eussent pas été suivies alors. Si l'on eût fait peser sur la France un système de terreur , a-t-il dit , on ne serait pas forcé aujourd'hui.....

Voix à droite. N'attaquez pas le rapporteur pendant qu'il est absent.....

J'entends dire à côté de moi qu'il ne faut pas insulter un absent. Certes , je crois avoir assez prouvé que je ne cherche pas à combattre des hommes qui sont loin de moi. Il m'est arrivé assez souvent de combattre de très-près pour qu'on me rende cette justice. J'ignorais que M. de la Bourdonnaye ne fût pas présent à la séance ; il l'était tout à l'heure. (*Une voix à droite*. Il est à la commission du budget.)

M. Marcellus. Ses opinions sont les nôtres; nous nous honorons de penser comme lui. (*Plusieurs voix*. Oui, oui, nous pensons comme lui ; nous répondrons pour lui.....)

M. Manuel. Puisque ces Messieurs du côté droit pensent ce que M. de la Bourdonnaye a dit, il ne faut pas me faire un reproche de ce que je parle en son absence; ils pourront me répondre. Au surplus je n'entends reproduire ici que ses expressions, en les rapprochant du discours qui les a provoquées. Chacun de vous se souvient que M. de la Bourdonnaye, répondant au discours de M. Benjamin-Constant, a déclaré, sans contester les conséquences qu'on avait données à son opinion, qu'il l'avait conservée toute entière, qu'elle était aujourd'hui ce qu'elle était, a-t-il dit, en 1815. Malheur à la France de ce qu'alors on n'avait pas suivi cette opinion, de ce qu'on n'avait pas puni tous ceux qui avaient pris une part quelconque aux événemens des cent jours. (*Voix à droite*. Il n'a pas dit cela ; il a dit les *principaux auteurs*.....)

Une vive agitation se répand dans l'assemblée.

M. de Lalot. M. le président rappelez l'orateur à la question.....

M. de Corcelles. Laissez discuter.....

M. de Lalot. Ce n'est pas discuter que de sortir de la question.....

Une foule de voix à gauche. Maintenez la parole à l'orateur.....

M. Manuel. J'ai un moyen naturel de prouver que je ne cite pas à faux. Voici le *Moniteur* : j'y lis le passage du discours de M. de la Bourdonnaye que je rappelle.....

M. Manuel donne lecture de la dernière partie du discours de M. de la Bourdonnaye. (Voyez le *Moniteur* du 1.er mars. (*Une foule de voix à droite suivant la lecture.* C'est bien cela.... Oui, c'est ce qu'il a dit.... C'est bien ce que nous pensons.... cela est très-vrai.... Vous voyez bien qu'il n'a parlé que *des principaux coupables....*

M. Manuel. Si nous voulons faire un appel à notre mémoire, vous vous souviendrez qu'en 1793, un homme de hideuse mémoire disait aussi qu'il était inutile d'espérer que les opinions pussent jamais changer, que ce qui était blanc resterait blanc, et quelles conséquences en tirait-il? qu'il fallait de la terreur, qu'il ne tombait pas assez de têtes, qu'il fallait en faire tomber davantage. Voilà ce qu'il fallait pour consolider l'ordre des choses. (*Un membre à gauche.* C'était Marat.) Comme vous le dites fort bien, c'était Marat. Sans doute il est affligeant pour nous d'avoir à réprouver aujourd'hui des principes et des situations qui semblent avoir quelques rapports avec les opinions émises à une si funeste époque....

Une foule de voix à droite. Prétendez-vous faire un rapprochement ?.... Nous, nous demandions la

justice....Vous , vous parlez des proscriptions révolutionnaires..... Quelle comparaison y a-t-il ?

M. le président. Il me semble que la discussion
prend une marche qui s'écarte tout-à-fait de celle que
nous devrions suivre. Hier, M. de la Bourdonnaye ,
répondant à M. Benjamin-Constant , a cru devoir faire
quelques observations sur des réflexions qui lui étaient
personnelles. C'était alors le moment de répondre à
ses observations. (*Voix à gauche.* Vous n'avez pas
voulu nous laisser parler.) Il ne faudrait pas main-
tenant en faire un reproche au président , car avant
de donner la parole à M. le raporteur , le président
a consulté la chambre pour savoir si quelqu'un la ré-
clamait. Personne ne l'a prise hier. Il n'est donc
pas permis à M. Manuel de réveiller une question
particulière élevée hier entre Messieurs de la Bourdonnaye et Benjamin-Constant. J'ai gardé le silence
tant qu'il n'a été question que de théorie. Il me semble que ce n'est pas le moment de réveiller une discussion personnelle. (Mouvement général d'adhésion
au centre et à droite.)

MESSIEURS,

Vous venez de l'entendre : un de nos honorables collègues , pour avoir émis , en 1815 , l'opinion qu'il était salutaire de punir les *auteurs* de la si déplorable catastrophe du 20 mars , et pour avoir dit hier , à cette tribune , que les événemens passés sous nos yeux depuis cette funeste époque, ainsi que notre situation politique actuelle, loin de paraître de nature à l'induire à penser que cette opinion n'eût pas été convenable , le for-çaient au contraire à y persister , vient d'être comparé à *Marat* , de hideuse et exécrable mémoire.

L'indignation , qui a éclaté dans presque toutes les parties de la salle , a fait justice d'une comparaison aussi révoltante , et le trait envenimé , au lieu d'atteindre le collègue honoré sur lequel il était lancé , est retombé sur l'orateur qui l'a décoché. C'en est assez peut-être pour l'honneur de la chambre ; mais puisque toutes les assertions prononcées à cette tribune retentissent en tous lieux , qu'il me soit permis d'y faire entendre la réfutation de celle qui vient d'y être proférée , telle que chacun de vous la trouve dans la droiture de son cœur , et dans la rectitude de son jugement.

Le tableau des temps , dans lesquels Marat a parlé , est nécessaire ; je suis obligé de vous montrer *les cou-*

pables de la façon de Marat, et la justice selon Marat.

Notre antique, notre belle France, cet Etat si élevé entre les nations, cité pour sa civilisation, envié pour sa prospérité, pour son bonheur que les étrangers voulaient tous partager, en passant du moins quelques instans parmi nous ; cet heureux pays était devenu en moins de quatre ans, sous l'influence d'imprudens novateurs, bientôt suivis d'audacieux révolutionnaires, une terre de misères, une terre de désolations. Le sceptre y a été brisé, l'autorité y est tombée entre les mains des hommes les plus immoraux, les plus extravagans, les plus atroces que les révolutionnaires aient su choisir dans leur affreux délire ; aux mains d'une réunion d'hommes *ignominieusement factieux*, si je veux me servir des expressions d'un honorable membre (1) de cet autre côté de la chambre. Notre glorieuse monarchie, ce long enfantement de quatorze cents années, ce prodigieux monument d'une si longue suite d'excellens princes, encore tout brillant de la splendeur imprimée par le grand roi et par le grand siècle, est tombée sous les coups redoublés de furieux dominés par le vertige de la destruction. Les autels du vrai Dieu sont renversés ; ses prêtres sont contraints de se prostituer, ou sont proscrits ou égorgés ; tout culte est interdit et persécuté, si ce n'est celui de la déesse Raison, et celui de toutes les folies que l'on voit déifiées de nouveau, comme dans le paganisme que

____

(1) M. Girardin.

l'on ressuscite. Un sang sacré , le sang de St-Louis , le sang de Henri IV, le sang d'un roi , père de son peuple , le sang d'un roi juste y est versé ; et comment . . . ? Par la main du bourreau ! Second régicide qui vient sapper d'horreur et d'effroi la terre stupéfaite.

L'histoire a en vain raconté la punition terrible , quoique tardive , des meurtriers de Charles Ier ; c'est en vain que chez un peuple voisin , depuis des temps éloignés , des larmes expiatoires dévouent chaque année à l'exécration , les sacrilèges qui portèrent la main sur *l'oint* du seigneur ; un attentat que l'on avait cru devoir être unique dans les annales des peuples , se reproduit plus atroce. Aux menaces des vengeances de la terre , aux menaces des vengeances du ciel , les tigres altérés du sang d'un roi répondent comme les misérables désignés par la colère céleste , pour être les instrumens de la mort du divin rédempteur : *que son sang retombe sur nous.* Un autre sacrifice , gage sans doute d'une autre régénération , décrété par une providence incompréhensible dans ses vues , se consomme. L'auguste victime tombe , en prononçant , à l'exemple du divin maître , un pardon qui , après vingt-huit ans , couvre encore ses assassins , qui , ainsi qu'il a été dit déjà , semblent avoir eu dans leurs fureurs la prescience de l'impunité ici-bas.

La France , regardée comme en Etat de peste prête à se répandre sur le monde , est traitée par l'Europe en pestiférée. Elle est enceinte de soldats étrangers au-devant desquels il faut jeter tout ce que , dans de longues années de paix , la monarchie avait conservé de jeunes hommes ; bientôt ils ne suffisent plus ; le sacrifice de sept générations est nécessaire ; il est résolu. Hommes et choses , tout est en mouvement , tout est déplacé ; tout sera sacrifié , s'il le faut. La belle France n'est plus qu'un épouvantable cahos ; c'est comme un enfer anticipé.

Dans une aussi horrible situation , les esprits ébranlés sont tentés de s'arrêter. Le char de la révolution hésite , étonné. Il va être contraint de rétrograder. Les révolutionnaires en frémissent ; ils tiennent leurs conseils ; Satan les inspire : il en sort le gouvernement révolutionnaire , c'est-à-dire , l'*atroce* et l'*absurde* , ainsi que le porte le titre.

Vous dirai-je les maux que récelait cette conception infernale ? Qui les a vus et porte le cœur d'un homme , peut-il les avoir oubliés ? Qui en a lu le récit fidèle , et n'est pas un pervers , peut-il en avoir gardé un faible souvenir ? Il me suffira de dire qu'il n'y eut pas de commune , si mince qu'elle soit , où l'on ne vit un comité de *salut public* , ou plutôt des tyrans , des bourreaux. Un comité de salut public par chaque village ! Aussi , pas de village , se regardant à lui seul comme la patrie toute entière , dans lequel les délégués de chaque quarante-quatre millième portion du nouveau souverain , le peuple , qui sur la foi de ses oppresseurs se croit roi , ne voient , de toutes parts , des conspirateurs au premier chef. La pieuse villageoise, qui a conservé un livre de prières , est atteinte de fanatisme, et, par conséquent, de conspiration contre la républi-que : elle passe d'un tribunal révolutionnaire à la *mort.* La femme chrétienne qui, pour obéir au précepte de sa loi, veut racheter ses péchés par l'aumône, et laisse tomber ses charités dans une main que l'on arme déjà contre elle, est atteinte de corruption ; elle passe d'un tribunal révolutionnaire à la *mort. La mort !* Voilà le spectacle que l'on offre en tous lieux, à tous instans, et lorsque la chose cesse d'être sous les yeux, le mot est encore offert aux regards. *Ou la mort,* se trouve en tête d'une simple lettre, et même d'une invitation à dîner.

Toutefois, de telles mesures de salut public, cependant un peu *acerbes,* suivant l'aveu d'un *Barrère,* ne paraissent que vétilleuses à un de ses collègues. Il dit : tous ceux qui ont joui de considération sous la monarchie, doivent haïr le régime de l'égalité que nous voulons fonder ; tous ceux qui ont de la fortune doivent condamner les confiscations que nous pronon-çons tous les jours ; tous ceux qui ont conservé les anciennes mœurs doivent avoir en horreur les nou-velles que nous voulons établir ; tous ceux qui gardent de l'attachement à la religion doivent pleurer sur ses ruines ; ce sont là nos ennemis irréconciliables, des ennemis plus cruels que *Pitt* et *Cobourg,* plus à crain-dre que toutes les coalitions ; ce sont des ennemis intérieurs. Ne marchons aux ennemis extérieurs qu'a-près avoir fait justice des premiers. Ne laissons pas ces *aristocrates,* ces traîtres derrière nous. Ils n'ont pas encore commis de délits punissables , par nos propres Codes mêmes : qu'importe? Ils veulent les commettre. Ils ne sont pas encore coupables de fait , il est vrai ; mais ils le sont par la pensée ; ils le sont d'intention ; *qu'ils périssent. Que la hache de l'égalité tranche 300 mille, 500 mille têtes ; périsse tout ce qui n'est pas nous.* On ne sait pas si , comme un publiciste de nos jours, (1) il n'ajoutait pas : « *C'est* » *un mal peut-être , mais il en résultera un bien.* » *Le mal passera et le bien restera* ». Périssent tous les *aristocrates ; que leur sang cimente la république ; que la minorité des Français soit égorgée pour assurer le bonheur de la majorité.* Voilà l'avis que donnait un collègue des Robespierre, des Barrère. Le monstre s'appelait *Marat.* La révolution reconnaissante l'a mis au nombre de ses héros , de ses martyrs ; elle l'a offert comme un objet de regrets à la génération présente et d'admiration aux siècles à venir , et cette révolution a encore des amans , ses champions et ses chevaliers !

Nous avons vu, Messieurs, un côté de la comparaison ; voyons l'autre.

Après vingt ans passés dans les voies révolutionnaires , après vingt ans d'essais de toutes les formes de gouvernemens illégitimes , après vingt ans de misères , quelquefois pompeuses et décevantes , mais toujours déplorables par quelque côté , la France voit ses pro-

---

(1) M. Bignon.

vinces inondées d'étrangers en armes, et excités par des ressentimens de toutes les sortes. La capitale (chose inouie dans les fastes de la monarchie, objet de tant de dédains, de tant d'accusations, ou plutôt d'une si noire ingratitude), la capitale est tombée en leur pouvoir. Sur tous les points, les barrières contre leur envahissement sont impuissantes. La Providence, niée pendant tant d'années, défiée, pour ainsi dire, par la perversité, annonce ses décrets ; les temps qu'elle a marqués sont arrivés. L'instrument de ses desseins sur les rois et sur les peuples, cette verge de sa main est brisée. La résistance est vaine, la France est livrée à d'innombrables ennemis.

Qui détournera les fléaux présens qui l'accablent ? qui suspendra les fléaux prochains dont l'imagination s'effraie ? Qui ? l'autorité légitime. Qui sauvera le troupeau de la dent des loups qui environnent la ber—gerie ? qui ? Le bon, le vrai pasteur. Qui sauvera le peuple ? son Roi. Le salut, l'unique salut, c'est le Roi. Le Roi ! voilà le cri qui retentit en tous lieux spontanément et presqu'au même instant. Entraînés par l'unanimité, par l'ardeur des vœux, le vieux révolutionnaire vaincu, le septembriseur agité de remors, le régicide glacé de terreur, crient aussi le Roi !

Le Roi arrive et le salut apparaît. A son aspect, les Rois armés déposent le glaive ; leurs soldats enne-mis hier, aujourd'hui sont des hôtes ; bientôt même ils abjurent toute défiance. La France réconciliée

avec son Roi , cette grande famille , rentrée sous l'autorité paternelle , leur semble désormais rentrée dans
les voies de l'ordre et de la justice. Ils n'en redoutent
plus rien contre la tranquillité de leurs Etats , et
contre le bonheur de leurs sujets. Ils ne lui ôtent rien
de ce que les conquêtes de la monarchie lui avaient
procuré ; ils ne demandent aucunes sûretés ; ils partent.
La France est sauvée , la France est libre.

Mais ses institutions anciennes sont en ruine. Les
institutions récentes ne se sont trouvées que de mal-
heureuses ou d'infructueuses tentatives pour le bien.
La royauté seule existe , entourée de débris épars , de
matériaux divers et confus qu'il s'agit de coordonner.
L'architecte , qui seul a mission pour reconstruire
l'édifice , les dispose. La charte est donnée. Elle
impose de grands sacrifices , en consacrant de grands
avantages , *problématiques* jusques-là. Ceux qui pro-
fiteront des avantages paraissent satisfaits plus qu'ils
n'espéraient de l'être : ceux sur qui doivent peser
les sacrifices respectent un pouvoir qui ne leur de-
manda jamais en vain. Celui de leur fortune avait
accompagné celui de leur vie ; la consommation en
est jugée nécessaire ; le sacrifice est accompli ; acte
sublime ! il étonne , les contemporains ; la postérité
l'admirera ; la justice éternelle le récompensera.

La charte est exécutée ; le nouveau mécanisme politique marche sans difficultés. Nul individu n'est re-
cherché pour sa conduite passée , nul ne souffre à
cause de la révolution , si ce ne sont les *défenseurs de*

l'autel et du trône ; aucuns froissemens ne sont signalés ; la paix, la paix du Roi règne pour tous ; la
confiance renaît ; l'industrie se ranime et prospère ;
le crédit public s'élève, le trésor royal se remplit, les
plaies se cicatrisent ; on jouit d'un bonheur inconnu
et qui étonne.

Cependant le monstre révolutionnaire veille au fond
de l'antre où il s'était jeté à l'aspect du Roi légitime,
et surtout au bruit des acclamations qui ont salué son
retour. Pour lui, la légitimité est ce qu'est Dieu à
l'ange rebelle et déchu, un objet d'éternelle horreur.
Fier des coups qu'il lui a portés chez d'autres peuples,
en d'autres temps, plus fier de ses derniers succès
dans notre malheureuse patrie, il compte avec un
cruel orgueil ses triomphes récens et en médite de
nouveaux. Et pourquoi se tiendrait-il pour battu ?
Quelles ressources lui restent pour tenter de nouveaux
combats ! Il en fait l'énumération : ici il suscitera
des préventions contre la religion ; il rallumera les
haines contre elle. Il la montrera méditant l'envahissement des fortunes particulières, l'intolérance et les
persécutions. Là, il ressuscitera les idées de républi-
que, l'esprit d'indépendance, l'horreur de tout frein
et l'amour de la licence. Ailleurs, il excitera les regrets
sur les honneurs, les faveurs et la puissance dont on
a joui sous l'empire, et sur des espérances qui se trou-
vent renversées. Il poussera les classes de la société
à la jalousie et à la haine, les unes contre les autres,
en prêtant des projets perfides aux unes, et en mon-

trant aux autres un avenir humiliant, oppressif et into-
lérable. Il altérera la confiance dans la parole royale; il
alarmera sur la conservation des avantages de la révolution.

Il représentera le règne de l'autorité légitime
comme la condamnation de la révolution et de toute
conduite révolutionnaire ; il insinuera qu'il ne suffit
pas de jouir des positions qu'elle a procurées, mais
qu'il en faut jouir *en présence et sous la protection
de maîtres qui, loin d'avoir un reproche à adresser,
ne puissent pas même en concevoir la pensée, sans
que l'on ait le droit de leur opposer une récrimina-
tion; il dira que c'est là le seul moyen de les possé-
der avec sécurité et avec honneur.* Horrible assertion
qui a trouvé trop d'esprits disposés à l'accueillir ; fu-
nesté pensée, honteux mobile du long appui donné aux
usurpations passées, et germe déplorablement fécond
de nos dissentions actuelles et de nos misères futures ;
seule, elle explique la prolongation de la révolution.

Le monstre n'a pas conçu de nouveaux projets de
bouleversemens qu'il se hâte de les exécuter. La presse
gémit ; les pamphlets, les libelles circulent ; des émis-
saires voyagent ; des conciliabules ont lieu. Toute la
race révolutionnaire est prévenue et tenue dans l'at-
tente d'une révolution qu'elle embrassera, quelle
qu'elle soit. L'intérêt de tous commande à tous, et
obtient de tous un horrible secret.

Quelle sera cette révolution? par qui la faire? au
profit de qui ? Là-dessus il est difficile de s'entendre.

N'importe ; il en faut une ; on s'entendra après sur la direction à lui donner. La fidélité de l'armée y était un obstacle ; le soldat français, toujours disposé à se tenir sur le chemin de l'honneur et du devoir, lorsque ceux qui lui commandent ne l'en détournent pas astucieusement, avait juré fidélité au Roi ; c'est à faire faillir cette fidélité que tous les efforts se dirigent ; ils sont sans succès.

L'apparition de *Buonaparte* paraît seule pouvoir produire l'ébranlement, il fallut l'appeler. Cette intervention détermina la nature de la révolution.

La tentative était cependant très-hasardeuse ; l'infidélité n'était point assurée. Non, ils n'étaient point traîtres, les régimens qui, présens à la revue que passa le Roi, le 12 mars, ou placés sur le passage lorsque Sa Majesté se rendit à la chambre des Députés, le 15 suivant, donnaient, soldats et officiers, des témoignages si manifestes de leur dévouement, que c'eût été un crime que de les suspecter. Dieu seul pouvait savoir qu'à quelques jours de là, par l'emploi de tous les genres de séduction, à l'aide de tous les mensonges, et par la considération des plus chers intérêts de la patrie, perfidement dénaturés, on les ferait tomber dans le parjure.

D'autres jours néfastes se levèrent sur la France, jours que l'on voudrait pouvoir effacer de l'histoire, et autrement déplorables que ceux marqués par la perte d'une bataille ; jours où l'on vit comme l'horrible parodie du beau mot de notre FRANÇOIS I.er ;

les vainqueurs durent se dire avec confusion : *Tout est gagné*, FORS L'HONNEUR. Quand comprendra-t-on que céder à un vœu de la révolution, c'est toujours s'entacher de quelque opprobre ? Le nom d'un grand guerrier qui, dans ces jours de deuil, donna l'exemple d'une trahison si inouie chez des Français, reçut une flétrissure éternelle, imprimée par la noirceur du crime, bien plus que par la sentence portée par ses pairs, ses juges. Le nom qu'il n'avait tenu qu'à lui de rendre la qualification la plus honorable, fera désormais l'épithète la plus ignominieuse.

Les desseins de la Providence qui voulait donner à l'Univers une nouvelle leçon, en permettant la réussite d'une nouvelle œuvre de l'esprit de perversité, trop peu condamnée sans doute, s'accomplirent. L'usurpateur est porté par des traîtres sur le trône de *St.-Louis*, des *Henri IV*, que leurs héritiers sont forcés d'abandonner pour quelques instans.

La France, avons-nous dit, jouissait au premier mars d'un bonheur inconnu et qui étonnait ; quelle sera sa situation pendant le court, mais si cruel triomphe du génie des révolutions ? La société est de rechef agitée jusques dans ses fondemens ; des réactions de tous genres se manifestent en tous lieux, et seront la cause de réactions et de vengeances opposées ; la proscription est appelée sur des classes entières de citoyens ; d'autres sont mises hors du droit commun ; les confiscations s'annoncent ; les spoliations sont provoquées et attendues ; les tribunaux de sang sont prêts

de se rouvrir ; la légitimité est de nouveau proscrite ,
et on ne semble faire un changement dans les rouages
politiques , que pour se ménager l'occasion de faire
sceller cette proscription par le plus criminel des
sermens , si les événemens arrêtés par la Providence
ne l'avaient pas fait se trouver être le plus dérisoire.
*A bas les prêtres ! à bas la religion ! à bas Dieu !
vive l'enfer !* étaient les cris de ralliement qui reten-
tissaient dans la trop malheureuse France , qui en
effet était bien redevenue un enfer anticipé : c'était
comme aux jours de 1793 , avec la seule différence que
le pouvoir d'exécution se trouvait dans les mains
d'un seul homme , complice et héritier universel des
crimes de cette horrible époque , et leur protecteur ;
souillé depuis son avènement à la puissance , d'atten-
tats de toutes les espèces , teint du sang des princes
ses bienfaiteurs , et couvert de celui de tant de millions
d'hommes inutilement versé pour cimenter un trône
dont le *Seigneur* n'a pas posé les fondemens. Quels
maux cet homme de ravages ne rapportait-il pas ? Les
peuples , apprenant à mesurer le temps par leurs souf-
frances , ont cru les cent jours de la seconde usurpation un siècle.

Cent jours ! Tel est le terme marqué à une puissance que l'on rêve inattaquable et éternelle. L'Europe est déjà accourue de toutes parts pour repousser
le nouvel incendie qui s'annonce plus menaçant que
le premier. Mais , ô démence ! ô fureur ! on repousse
la main qui veut éteindre l'embrâsement ; la race

révolutionnaire est nuit et jour en travail pour lui fournir des alimens ; il ne sera éteint qu'à force de sang. Le sang va couler à grands flots ; des guerriers abusés, d'autres, entraînés et abjurant au fond du cœur la cause que le malheur des temps les force de suivre, prodiguent en vain leur vie ; le ciel ne saurait bénir leurs efforts. Waterloo est témoin de leur défaite, et des Français, fiers de cent victoires, y subissent un désastre tel qu'on n'en avait jamais vu.

Un million de soldats envahissent la France ; d'autres les suivent ; nos places sont bloquées, attaquées, renversées. La capitale est couverte de rechef de camps et de bivouacs étrangers ; nos provinces les plus reculées apprennent à les connaître, et sont occupées par leurs cohortes.

Cette fois les monarques vainqueurs manifestent de l'irritation ; ils confondent dans une commune défiance, et sont prêts d'envelopper dans un commun anathème, la nation entière qui, pourtant plus que jamais, n'a été que la victime des pervers qui s'étaient emparés du pouvoir ; mais à peine la force leur a été retirée, à peine la Providence la leur a ôtée, les Français font entendre leurs sentimens opprimés. Ils tournent encore leurs regards vers la légitimité, le salut de la France. En toutes contrées, le nom du Roi est invoqué ; ses droits sont reconnus, son autorité est rétablie, lors même que, dans la capitale, une seconde convention prétend lui en fermer les portes ou lui prescrire les conditions auxquelles elle les lui ouvrira. Vains efforts d'une rage inextinguible, mais impuissante ! Le 8 juillet, le Roi légitime se rasseoit au trône de ses ayeux. La France, rentrée sous le sceptre de son Roi, est de suite réconciliée avec l'Europe.

Aux acclamations qui accueillent LOUIS XVIII et son auguste dynastie, les révolutionnaires s'enfuient de toutes parts, couverts de honte, chargés d'exécrations, et attendant le châtiment que leur conscience leur fait redouter, et que la France entière réclame. Les accusations redoublent, lorsque l'on sait qu'aux sacrifices dévorans des cent jours, il faudra ajouter ceux à faire pour payer les dettes non soldées de l'usurpation ; pour rembourser à l'Europe les frais de ses armemens et entretenir les garnisons de sûreté qu'elle veut laisser chez nous. Enfin, on apprend que la conspiration du 20 mars coûtera plus de deux milliards de francs, et on voit que ce n'est pas là le pire des maux, la plus incurable des plaies ; on comprend que les plus horribles passions, qui ont été mises en jeu, produiront pour long-temps les plus funestes effets ; on n'aperçoit plus de terme à des dissentions qui étaient comme étouffées, et qui auraient pu ne jamais faire explosion ; on frémit du présent, on frémit pour l'avenir. Les cris, justice ! se réveillent plus unanimes et plus forts.

L'autorité royale se décide pour la clémence ; elle porte une amnistie à l'égard de laquelle elle désire l'intervention des Chambres. Appelé à donner son avis, un honorable député se demande si l'amnistie produira les effets qu'en attend le cœur magnanime et paternel du Roi. Il examine si une punition exemplaire des *auteurs* de nos maux ne serait pas plus salutaire; son expérience des hommes et des choses lui fait penser que l'amnistie est conçue dans des espérances qui seront déçues; il appréhende que la clémence ne fasse qu'enhardir les coupables déjà accoutumés à regarder des grâces comme des concessions et des victoires arrachées, et qu'elle n'ait pour résultat de fausser les notions de la justice, ce lien et ce besoin de toute société humaine. Il penche à la punition : de quoi? de crimes seulement probables ou supposés, peut-être? l'univers répond non : mais de crimes consommés et patents. Il penche à la punition : de qui? de coupables imaginaires peut-être? la terre répond, de coupables existans, reconnus, et tirant vanité de leurs crimes, des plus grands coupables qui aient pu se trouver, de coupables comptables du denier du pauvre, de la veuve et de l'orphelin imposés pour payer leurs fureurs; responsables du fardeau perpétuel imposé à nos finances, comptables de la perte des places conquises par la monarchie qui ont été ravies à la France; comptables de la surveillance humiliante sous laquelle ils nous ont forcés de demeurer; comptables de tous les saccages, de toutes les ruines par lesquelles les cent jours ont été signalés; comptables de tout le sang français, de tout le sang humain qui a coulé! Voilà les coupables sur lesquels l'honorable député appelait la justice. Et c'est cet appel, fait au moment où les désastres étaient présens, où les plaies saignaient encore, où les ruines étaient fumantes, que l'on compare à la délirante rage de Marat acharné contre les plus honnêtes gens de France, et ne voyant que des crimes dans l'éloignement pour des doctrines qui n'ont produit que désolations, que destruction et carnage !

Quelle démence, si la comparaison est faite de bonne foi ! Si la démence ne peut être admise, quelle..... ! je m'arrête ; j'hésite, Messieurs, à laisser échapper les expressions qui se pressent pour rendre la pensée qui s'offre si naturellement à l'esprit; les mots propres se présentent aussi au vôtre, ils se présenteront également à l'esprit de tous les lecteurs de nos discussions ; je laisse à chacun à les appliquer.

Cependant je ne saurais ne pas dire que la comparaison qui vient d'allumer votre indignation, est sans doute un de ces moyens signalés comme ayant pour but de fausser l'opinion publique que certaines personnes ont la prétention de faire à leur gré ; un de ces moyens dont l'usage devient de plus en plus fréquent, qui a excité déjà votre sollicitude, et a porté l'alarme dans cette enceinte.

Toutefois qui sait s'il y a autant à s'affliger qu'à s'indigner de leur emploi ? qui sait si nous ne verrons pas se vérifier cet adage si connu : *que l'excès en toutes choses en amène la fin ?* oui laissons venir à cette tribune autant qu'on le souhaite ; qu'on l'occupe autant qu'on le désire ; cessons de nous alarmer de ce qu'on y fera entendre. Tout ce qui porte un cœur droit, toutes les ames honnêtes, tous les bons citoyens (et malgré tant d'efforts de tous les genres pour rendre la perversion générale, ils sont en immense majorité en France), feront justice des faux raisonnemens, des funestes théories, des discours fallacieux, des perfides insinuations, des extravagantes accusations et des vues coupables. Les esprits abusés reconnaîtront leur erreur. Les rangs des pervers, ainsi qu'on l'a déjà vu, seront abandonnés, et il ne restera autour d'eux que cette lie des nations que l'on vit en tout temps pour l'affliction de l'humanité et comme un témoignage irréfragable de sa chute, que cette hideuse portion des peuples, que les factieux de toutes les époques, de tous les pays, ont toujours cherché à agiter, mais qu'un seul regard sévère de l'autorité retient dans l'ordre et l'obéissance, lorsqu'elle le veut fermement.

Et d'ailleurs manque-t-il ici d'hommes de bien pour réfuter des discours condamnables ? craint-on qu'à défaut de préparation, il ne fût difficile de repousser des attaques imprévues et habilement combinées à l'avance, de combattre des doctrines coupables et artificieusement présentées ? que l'on bannisse cette inquiétude ; le propre de la vérité est de paraître avec éclat à peu de frais : tantôt il suffira de laisser aller une juste indignation ; tantôt il suffira d'évoquer les faits et de les laisser parler, non en les faisant *mentir* suivant le besoin et l'usage des méchans, mais en les montrant dans leur terrible vérité : la perversité pâlira devant ses victimes exhumées.

Que l'écrivain (1) qui a horriblement employé ses
veilles pour tâcher de prouver dans une longue suite
de lettres offertes aux lecteurs de la Minerve, que la
catastrophe du 20 mars a pour auteurs ceux qui devaient y trouver leur ruine, la proscription et la
mort, vienne proférer cette assertion à cette tribune, qu'il prostitue un talent que la providence
lui a donné pour d'autres fins, à soutenir une aussi
noire proposition, quelques mots suffiront pour l'anéantir. Ah ! si elle était vraie, combien serait juste
la comparaison atroce dont notre honorable collègue
vient d'être l'objet ; en effet, en appelant la vengeance sur les *auteurs* des maux des cent jours, il
l'aurait appelée sur tous les hommes de bien de la
France, et sur ce qu'elle a d'auguste et de sacré,
sur sa *dynastie* et sur son Roi ; car suivant les lettres
de la Minerve, voilà les auteurs du 20 mars. Seraitce de tels coupables que l'auteur de la comparaison
avait en vue ? le moyen de le croire au tendre intérêt qu'il leur porte ! Non ce sont bien les vrais
coupables qui l'intéressent si fort ; ceux que la France
entière nomme et montre du doigt, ceux que les
lettres de son honorable ami n'ont pu faire *blancs*
de *noirs* qu'ils sont et qu'ils demeureront à jamais,

------

(1) M. Benjamin-Constant.

aux yeux mêmes de leurs défenseurs, qui les voient sous leur vraie couleur, pour peu qu'ils oublient *qu'il est convenu de les voir et surtout de les présenter sous une autre.* Oui, Messieurs, il sera facile d'accabler la perversité, toutes les fois qu'on voudra montrer ses œuvres à cette tribune. Cette puissance de la parole que l'on affecte, on apprendra qu'hors les temps de trouble et d'anarchie, elle n'appartient qu'à l'homme de bien, *Viro bono bene discendi perito.* Cette tribune dont on prétend faire un théâtre de triomphe, sera un théâtre de honte; et ce mot de l'écriture sera vérifié : *INIQUITAS MENTITA EST SIBI, l'iniquité a dévoilé elle-même sa propre turpitude.* C'est alors que s'élévera de la France entière le cri de réprobation qui a été déjà prononcé; *La France ne veut plus de vous.*

www.ingramcontent.com/pod-product-compliance
Lightning Source LLC
Chambersburg PA
CBHW071427030726
47594CB00006B/2620